행복한 오늘 그 오늘이 내일이다

행복오네

초판 1쇄 인쇄 | 2006. 9. 28.

초판 1쇄 발행 | 2005. 10. 15.

지은이 | 권태진

발행처 | 도서출판 성빛

출판등록 | 제96-21호

경기도 군포시 금정동 870-10

대표전화 031-397-6754 팩스 031-397-9241

홈페이지 www.gunpojeil.org

ISBN 89-87187-19-5   03230
       978-89-87187-19-8   03230

행복 오네

행복한 오늘 그 오늘이 내일이다

권태진 지음

서빛

서문

모든 사람이 행복하기를 원합니다. 그러나 모두가 행복하지는 않습니다. 사람의 얼굴이 다른 것처럼 행복을 느끼는 기준과 크기도 다릅니다. 명예, 돈, 권력, 건강이 행복의 기준이 되기도 하나 공통적으로 느끼는 행복은 영혼의 만족에서 옵니다.

진리가 주는 자유를 누리면서 영원한 세계가 믿어지면 그것이 바로 행복입니다. 고난 속에 숨겨진 영광, 실패 속에 열려진 성공의 길을 찾는 지혜가 행복입니다.

이스라엘에 사사들이 치리할 때 엘리멜렉이란 사람이 복된 땅 베들레헴에서 살았습니다. 그 땅에 잠시 온 흉년을 극복하지 못하고 풍족한 모압 땅으로 가족을 데리고 이주했다가 실패하였습니다. 남편과 두 아들을 잃은 시어머니와 두 자부만 남았습니다. 큰 실패를 경험한 나오미가 고향 베들레헴으로 돌아가고자 할 때 룻이란 자부가 함께 가길 자청합니다. 그리하여 모압 여인, 룻이 예수님의 족보에 들어가는 영광을 얻게 되었습니다.

성공과 실패는 그 나름대로 이유가 있습니다. 고난의 길을 통해 열려진 순종의 길을 열어 놓으신 그분의 뜻을 깨닫길 바랍니다. 이 책을 읽으면서 행복이 오는 길을 조용히 열어 놓고 실패를 성공으로, 미움을 사랑으로, 고통을 영광으로, 십자가 죽음을 부활로 만드는 창조주의 능력을 체험하게 되기를 바랍니다.

이 글을 추천해 주신 신복윤 명예총장님과 기도로 늘 협력하는 아내와 성도들과 이 책을 읽는 모든 분들께 하나님의 은혜가 임하길 바라면서 감사드립니다.

2006년 9월

권태진 목사

추천사

모든 사람은 성공하기를 원합니다. 반면에 실패를 두려워합니다. 그러나 실패의 길 뒤에는 성공의 오솔길이 있습니다. 이 사실을 알고 나면 어떠한 고난 속에서도 항상 기뻐하며 긍정적인 자세로 삶을 대처하는 지혜를 갖게 됩니다.

이 책의 저자인 권태진 목사님은 목회를 위해 모든 것을 쏟는 분이십니다. 그는 하나님을 사랑하며 사람을 사랑하는 좋은 목사입니다. 또한 그는 목회학박사이면서 시인으로서 학문과 정서를 겸비한 분입니다. 흔히 쉽게 지나갈 수 있는 사물을 다양한 시각에서 볼 수 있는 것은, 그가 문화의 다양성을 인정하고 신선하게 미래를 구상하는 지혜가 있기 때문입니다. 목회현장을 가정처럼 따뜻하게 목양하고 있으며 사단법인 성민원을 설립하여 지역의 소외된 자들에게 주님의 사랑을 나누어주는 일을 모범되게 실천하고 있습니다.

이 책은 각박한 현실을 살아가는 사람에게 용기와 희망, 그리고 행복을 주는 글들로 채워져 있습니다. 모든 독자들이 권목사님의 글을 통하여 큰 위로를 받고 삶의 지혜를 얻으며, 나아가서는 행복을 꿈꾸시기를 바라면서 기쁜 마음으로 이 책을 추천합니다.

합동대학원대학교 명예 총장 신복윤 목사

행
-
복
-
오
-
네

축복하는 입술*넘치는 행복감*첫 사랑 첫 마음*행복의 봄*
참 좋은 만남*좋은 생각에 바쁜 사람*위대한 이름, 아버지

행복은 좋은 만남에서

축복하는 입술

행복은 환경의 소산이라 하는 이들이 적지 않으나 영혼을 사모하는 인간의 내심을 이해하지 못하는 사람의 말이라 생각된다. 아침마다 배달되는 신문이나 방송매체를 통해 들려지는 일관성 없는 국가정책으로 불안감이 더해진다. 그러나 역사의 주인이신 하나님을 바라보면 참 평안과 기대가 생긴다.

얼마 전 뉴욕 일부 지역에 전깃불이 나갔다. 지하전동

차가 운행 중 중단되고 고층의 엘리베이터도 멈추고 도시는 암흑과 함께 혼돈과 무질서의 현장이 되었다. 이유는 테러가 아닌 전기 소모량이 많아 발전소에 문제가 생긴 것이었다. 그 때 그들은 누구를 책임하기 보다는 "God bless America" 라고 하면서 나라를 축복했다. 이것이 청교도 조상을 둔 그들이 가지는 내심의 큰 실력이다. 부족함이 드러나면 그것을 채워 줄 수 있는 하나님께 기도하며, 어리석음이 보여져도 축복하는 입술이 되어야 한다.

또한 일본에 성회 차 방문한 적이 있다. 창가의 태양은 한국보다 일찍 찾아왔다. 창 밖에는 온천물이 내려가는 소리가 들렸고 숲 속 저만치서 까마귀 울음소리가 들렸다. 문화에 따라 새나 짐승을 좋아하는 것도 큰 차이가 있음을 알게 되었다.

호텔에 청소하는 아주머니가 아내의 기침소리를 들었는지 감기 걸렸냐고 물었다. 한참 동안 분주히 청소를 하더니 그녀는 무릎을 꿇고 절을 하면서 "아리까또 고자이 마쓰"라고 했다. 고맙게 한 것도 없는데, 너무 공손하게 고맙

다고 하여 오히려 당황했다. 일본여인들의 인사성, 더 나아
가서 일본인들의 상술과 친절이 상상을 초월한다는 소리
를 실감나게 했다.

　긍정적이고 친절한 말은 상대방을 감동시킬 뿐 아니라
어려운 환경을 이기게 한다.

부족함이 드러나면

그것을 채워 줄 수 있는 하나님께 기도하며

어리석음이 보여져도 축복하는 입술이 되어야 한다.

넘치는 행복감

하나님은 사람을 사랑하신다. 그러면 보이지 않는 하나님을 향한 인간의 사랑이 어떻게 표현될까? 그 사랑은 사람을 귀히 여기고 아끼는 것으로 나타나야 한다. 소외된 사람을 향해 어떠한 관심을 가지느냐에 따라 복을 받을 수 있고 불행해 질 수도 있다.

한 율법사가 예수님을 시험하기 위해 무엇을 하여야 영생을 얻느냐고 물었다.

주님은 "네 마음을 다하며 목숨을 다하며 힘을 다하며 뜻을 다하여 주 너의 하나님을 사랑하고 또한 네 이웃을 네 자신 같이 사랑하라"고 하셨다. 누가복음 10:27

또한 강도 만난 자를 지나가는 세 사람의 반응에 대해서도 말씀하셨다. 제사장과 레위인은 보고 피하여 지나갔으나 사마리아 사람은 불쌍히 여겨 최선을 다해 치료해 주었다. 우리는 이 땅에 살면서 수없이 많은 사람을 만난다. 그러나 지나쳐 버릴 때가 너무 많다. 사람과의 만남을 통해 생겨나는 사건이 불행의 씨 또는 행복의 씨가 된다.

어느 한해의 해가 기울어 갈 때 친분있는 목회자가 흑인 선교사 한 분을 우리교회에 데리고 왔다. 그는 있을 곳이 없다며 도움을 요청했다. 딱한 사정으로 3개월 동안 샤워실이 있는 방에서 거하게 하였다. 1개월 후에는 친구까지 데리고 와서 지냈다. 3개월이 지날 무렵 본국에 가서 선교사로서 활동할 수 있는 비자를 받아 오겠다고 했다. 그런 후 우리교회에서 정식으로 목회를 배우고 싶다고 했다. 가

족들이 얼마나 보고 싶을까하여 왕복비행기 값과 한 달 경
비를 포함하여 420만원을 주며 기도해 주었다. 너무 감격
했는지 그는 흐느껴 울기 시작했다. 그는 그리스도의 사랑
에 감격해 우는 것 같았다. 그의 소원은 가나에 건강한 교
회를 세워 목회하는 것이라고 했다. 외국에서 온 국내 외국
인들을 상대로 복음을 전하여 그들이 본국으로 돌아갔을
때 복음을 전하게 하면 외국에 직접 나가 선교하는 이상으
로 효과적인 선교를 할 수 있다.

집에 찾아 온 손님은 학대하면서 남을 찾아가 섬기려
하는 것은 아름다운 섬김이 아니다. 선교의 시작은 우리나
라에서부터 이루어져야한다.

첫 사랑 첫 마음

하나님의 거룩한 성품을 받고 창조된 사람이지만 오염된 환경에 오랜 세월 사노라면 거룩과 사랑의 성품을 잃어버릴 수 있다. 원죄로 실패된 사람은 명예와 재물이 우상이 되어 그것을 얻기 위해서 짐승처럼 살아가는 것도 서슴지 않고 있다. 때로는 구원받은 백성도 세속의 사람으로 물들여지는 경우를 종종 본다.

매일 성경을 읽지만 환경과 사람에게서 오는 충격으로

인해 종종 마음 상할 때도 있다. 하나님 말씀의 원리를 무시한 채 이성적으로 믿는 이들의 무책임한 말은 남에게 상처를 준다. 다람쥐가 쳇바퀴 돌리는 것처럼 자만과 태만으로 자신의 몸도 추스르지 못한 채, 잘하고 있는 줄로 착각하는 자아중심의 신앙에 붙잡혀 사는 성도를 볼 때마다 매우 안쓰럽다. 이젠 새롭게 될 수 있다는 소망이 생긴다. 처음 부임하는 자세로, 결혼식장에 들어가는 자세로, 처음 만남의 설레임으로 새롭게 시작하자.

"네 행위와 수고와 네 인내를 알고 또 악한 자들을 용납하지 아니한 것과 자칭 사도라 하되 아닌 자들을 시험하여 그의 거짓된 것을 네가 드러낸 것과 또 네가 참고 내 이름을 위하여 견디고 게으르지 아니한 것을 아노라 그러나 너를 책망할 것이 있나니 너의 처음 사랑을 버렸"다. 요한계시록 2:2-4

처음에 먹은 그 마음, 그 사랑으로 새롭게 시작하자.

처음에 먹은 그 마음

그 사랑으로 새롭게 시작하자.

행복의 봄

아무리 좋은 환경이라도 혼자 사는 것은 결코 유쾌할 수 없다. 혼자 살면 내일이 없다. 남자와 여자가 함께 해야 새 생명을 기업으로 받을 수 있고 그 생명이 자랄 때 내일의 행복이 있다. 인간을 창조하신 하나님은 최초의 사람 아담과 하와에게 "생육하고 번성하여 이 땅에 충만하라" 창세기 1:22 고 하셨다. 그러나 개인주의와 현실주의에 붙잡힌 사람들은 결혼을 기피하고 자녀를 낳는 것을 원하지 않는다. 이

것은 하나님의 창조사역을 거스리는 것이므로 나중에 인간이 그 벌을 고스란히 받게 될 것이다. 그러므로 한 남자와 한 여자가 부부로 가정을 꾸려 함께 하나님의 말씀에 의지하여 행복을 만들어 가야 한다.

행복의 첫 단추는 부부의 만남이다. 가정은 삶의 의미를 가져다주는 최소의 단위이다. 가정보다 소중한 필연은 없다. 건강한 가정이 되려면 균형이 잡혀져야 한다. 건강한 가정은 노인부터 어린아이까지 고르게 구성되어야 한다. 과거의 수고를 알아주는 역사성을 존중하며 부모를 공경하는 젊은이가 있어야 하며, 자녀를 말씀으로 가르치는 가장이 있어야 한다. 또 전통을 이어가며 내일을 책임질 어린이들이 있어야 좋은 가정이다.

장수하는 사람이 있다는 것은 복을 받았다는 것이다. 어린이가 있다는 것은 태의 열매로 상급을 받은 것이다. 어른은 어린이를 통하여 기쁨을 얻고, 자녀는 부모로부터 말씀으로 양육 받아야 건강한 가정이다. 어린이는 어른으로부터 삶의 지혜를 배운다. 어른들은 어린이들의 효도와 관심으로써 외로움을 달래게 된다. 이젠 삼사대가 함께 할 수 있는 환경을 만들어야 한다. 고령화사회를 준비하려면 먼저 건강한 생각을 해야 한다. 노인이 행복하면 바른 교육이 실행되고 가장이 평안하면 사회가 평안해 진다. 청소년이 잘되면 내일이 잘되고, 어린이 교육이 잘되면 나라가 바로 선다. 나아가서는 온 가족이 말씀 안에서 동일성을 이룰 때 더욱 행복해진다. 신앙 안에서 함께 살아가는 지혜를 배우며 사랑의 가슴으로 따뜻하게 품어 줄 때 경직과 불신이 녹게 되고 행복의 봄이 찾아온다.

가정은 삶의 의미를 가져다주는 최소의 단위이다.
가정보다 소중한 필연은 없다.

참 좋은 만남

남자가 몸의 전부라면 여자는 갈비뼈다. 갈비뼈를 재료로 하여 만든 여자를 보고 아담은 "이는 내 뼈 중의 뼈요 살 중의 살이라"고 했다. 창세기 2:23 신비한 결합이며 즐거운 만남이다. 이 만남을 결혼이라고 한다. 남자와 여자가 만나 생육하고 번성하는 창조 사역을 연속하여 이룬다. 아무리 좋은 조건을 가졌어도 그 환경에 자족하지 못하면 참된 행복은 느낄 수 없다. 사람의 욕구는 끝이 없다. 가진 자는 더 가지려고 한다. 자신이 갖고 있는 물질, 권력, 아름다움, 인기 등에 만족하는 사람이 있다면 세상의 모든 것을 가진 자보다 더 행복한 사람일 것이다. 요즘 배가 고파서 도적질하는 사람보다 유흥비를 마련하기 위한 경우가 더 많다. 심지어는 물질을 많이 갖고도 만족하는 사람이 많지 않다.

사람은 하나님의 형상이므로 영적 만족이 있어야 하며, 그 만족은 땅에서 다 채워질 수 없기 때문이다. 사람은 혼자 사는 것 보다 더불어 살 때 사람의 본분을 다할 수 있으며 외롭지 않다.

"예수는 지혜와 키가 자라가며 하나님과 사람에게 더욱 사랑스러"웠다. 누가복음 2:52 "아이 사무엘이 점점 자라매 여호와와 사람들에게 은총을 더욱 받"았다. 사무엘상 2:26

눈에 보이는 육체의 성장과 함께 보이지 않는 지혜의 성장이 필요하다. 균형 잡힌 성장을 할 때 하나님과 사람에게 사랑을 받는다. 하나님께 인정받으려면 하나님의 뜻을 알아야 한다. 하나님을 가장 잘 아는 분은 성령이시다. 성령은 주님을 인정하고 자신이 죄인임을 알고 회개할 때 선물로 받는 거룩한 영이다. 그 영의 속성에는 아름다운 성품이 가득하다.

"성령의 열매는 사랑과 희락과 화평과 오래 참음과 자비와 양선과 충성과 온유와 절제"이다. 갈라디아서 5:22-23

인간의 이성으로는 아무리 노력해도 전능자가 지닌 신비의 능력을 깨달을 수 없다. 날개 없는 짐승이 하늘을 날려는 것과 같은 어리석음이다. 또한 자신의 분수를 알고 겸손과 사랑으로 서로 종노릇해야 한다. 세상에서는 높은 자가 섬김을 받으나 하나님의 나라는 높이는 자가 섬김을 받는다. 좋은 가정은 힘 있는 자가 더 헌신하고 먼저 된 자가 섬긴다. 서로의 약점을 채워 주고 비밀 없이 조건 없이 사랑으로 섬기는 것이다.

에덴동산에 찾아와 그 행복한 가정을 파괴한 사단이

우리의 가정에 찾아와 마음과 생각과 신앙을 갈라놓고 있
다. 지혜자는 주님 안에서 자신의 오만을 버려야 된다. 이
것이 좋은 만남과 행복을 유지하는 길이다. 하나님은 지금
도 우리를 사랑하고 계신다.

좋은 가정은 힘 있는 자가 더 헌신하고 먼저 된 자가 섬긴다.
서로의 약점을 채워 주고 비밀 없이 조건 없이
사랑으로 섬기는 것이다.

좋은 생각에 바쁜 사람

60년대만 해도 60세 어른을 노인이라고 불렀는데 요즘에는 70세는 되어야 노인 측에 든다. 얼마 전 80세가 넘은 목사님께 저녁식사를 대접했다. 자녀들은 다 성장하여 미국에서 생활하고 있고, 아내는 6년 전에 천국에 가셨다. 그는 중국인 선교를 위해 일생을 바쳤는데 아직도 그 사역을 하고 있다. 그분으로부터 중국의 문화와 한족의 특성에 대해 들었다. 복음을 전하기 위해서는 그들의 특성을 바로 알아야 하다고 말씀하셨다.

중국 사람들은 나라보다는 민족에 대한 애착이 많다고 한다. 어디를 가든지 뭉치고 무조건 자기 민족 편에 선다고 한다. 세계 어느 나라에든지 중국인 마을이 건재하고 있는 것이 민족성 때문이라는 것이다.

빨리 그들에게 복음을 전해야 된다고 하면서 "욕심을 버리면 건강에 유익이 있습니다."라는 말씀에 "사람은 욕심덩어리인데 어찌 욕심을 버릴 수 있습니까? 욕심이 없다고 말하는 사람은 자신에게 속고 있는 것입니다."라고 답했다.

복지를 통해 사람을 행복하게 하고픈 욕심이 있다. 정부와 함께 하려니 믿음 없는 공무원이 작은 하나님이 되려 한다. 당회에서도 세상중심으로 생각하고 말하는 당회원이 있다. 이러한 것들이 복지하면서 힘든 부분이다.

아무리 큰일을 해도 사람을 희생시키는 것은 하지 말아야 한다. 갓 부임한 교역자가 교회를 개혁한다고 영혼을 실족시키고 역사를 무시하며 전임자에게 등을 돌리는 것은 실패의 시작이다. 짧은 시간 노 목사님과 대화를 나누면서 20년 후의 나의 모습을 떠올리며 원로의 연륜에서 나오는 지혜를 배웠다. 욕심은 상대를 공격하게 하며 과잉 방어를 하는 우매자처럼 보이게 한다. 욕심은 자신보다 남의 약점을 먼저 발견한다. 그러나 순수하고 악의 없는 사람은 상대를 순수하게 보기 때문에 약점을 잘 보지 못한다. 그러나 인색한 사람은 교회의 재정사용에 대해 이의를 제기하고 남을 지배하려다가 자신의 뜻을 이루지 못하면 하나님과 목사의 권위 아래 있는 이들을 자기 아래로 두기 위해 교묘한 말로 접근하기도 한다.

15년 전 서울의 모 교회에서 한 집사가 재정장로에게 찾아와서, "우리교회 재정사용이 궁금합니다. 교회 재정사용이 투명하지 않은 것 같습니다."라고 했다. 재정장로는 "당신이 연보한 것이 얼마입니까?" 했더니 "그것은 왜 물어 봅니까?" 라며 실랑이를 했다. 재정부가 그 분의 연보를 열람했더니 십일조는 물론 감사연보도 없었다. "당신이 하나님 앞에서 물질사용이 바르지 못하니 교회도 그런 줄 아십니까? 당신의 것을 거룩한 일에 한 푼도 사용하지 않았군요."라고 했더니 아무 말 하지 못했다고 한다. 왜 연보를 많이 한 사람은 말이 없을까? 순종하고 연보하고 헌신함으로 오는 기쁨과 복을 누리기 때문에 남을 의심할 시간이 없다. 하나님께 드린 연보가 귀하게 잘 쓰여지기를 기도하며 맡기고 열심히 사업하면 큰 물질과 믿음의 복을 얻는다고 확신한다.

좋은 일을 하는 사람은 나쁜 생각할 시간이 없다.

욕심은 자신보다 남의 약점을 먼저 발견한다.

그러나 순수하고 악의 없는 사람은

상대를 순수하게 보기 때문에 약점을 잘 보지 못한다.

위대한 이름, 아버지

좋은 아버지를 만나는 것은 행복이다. 자신의 가치를 아버지 이름으로 상대에게 알릴 수도 있다. 자녀는 아버지 이름만큼 특권을 유지할 수 있다. 아버지가 나쁜 평판을 받으면 그 아들은 사회 적응하는데 어려움이 있다. 그러나 아버지가 위대하면 아들은 별 공로가 없어도 영광을 얻기도 한다. 성경에도 자녀를 말할 때 아버지의 이름과 함께 말하기도 한다. "이새의 아들 다윗, 다윗의 아들 솔로몬"이라고 소개한다. 아버지를 알아야 자신의 혈통을 알 수 있고 자신의 정체성을 알 수 있다. 사단은 아버지 하나님과 아들 예수님 사이의 신성한 연합을 분리시키려 했다. 이유는 하나님 아버지의 능력과 위대함으로부터 예수를 떼어놓으려는 것이었다. 악한 자들은 예수님을 하나님의 아들로 지칭하지 않았고 "마리아의 아들 예수" "요셉의 아들 예수"라는 말을 사용했다. 목수의 아들 예수 등의 표현은 예수의 신성을 인정하지 않으려는 이들의 생각이다.

하나님을 나의 아버지로 확신하고 있는가? 아버지에 의해 새롭게 태어났으면 그 이름의 능력에 의해 삶의 질이나 방향이 달라지고 있는가를 스스로 질문해야 한다. 대통령의 아들이 국민들에게 조금도 구별되게 평가받지 못한다면 아들에게 문제가 있든지 아니면 아버지에게 문제가 있다.

친한 목회자의 아들이 군에 갔다. 그 목회자는 일만명 이상이 모이는 큰 교회의 담임목사이다. 그 아들은 사령관을 대동하면서 사진을 찍는 사진병사이다. 어느 날 사령관과 함께 동행을 할 때 군종 참모도 함께 했다. 사진병사에게 부친이 무엇을 하느냐라는 질문을 했다. 그가 자신의 아버지의 존함을 댈 때 군종 참모는 "너가 참으로 그분의 아들이냐"고 하면서 새롭게 평가를 했다는 말을 들었다. 육신의 부모의 이름도 자신의 평가를 높이는데 하나님을 아버지라 부르는 우리는 어떤 자인가를 생각해 보자.

사울은 다메섹도상에서 예수님을 만나 하나님을 아버지로 모신 후 놀랍도록 변화되었다. 귀신을 제하는 능력을 받았다. 어떤 환경 속에서도 기도하며 감사할 수 있는 자가 되었다. 그러나 하나님 아버지와 갈라놓으려는 사단의 공격을 계속 받았다. 의를 위해 핍박도 받았다. 그러나 바울은 아버지를 끝까지 믿음으로 순교자가 되었다. 그리고 지금은 위대한 아버지의 나라에서 영원히 안식을 누리고 있을 것이다.

아버지에 의해 새롭게 태어났으면

그 이름의 능력에 의해 삶의 질이나 방향이

달라지고 있는가를 스스로 질문해야 한다.

행 · 복 · 오 · 네

福

복은 고난의 통로를 거치고

고난의 유익

누구나 자신만의 삶의 체험이 있다. 그 체험으로 인하여 행복해질 수도 있고 또한 불행해질 수도 있다. 특별히 하나님을 의지하는 사람들에게는 의 때문에 고난을 당할 때가 종종 있다. 그러나 환난 중에 전능자의 능력과 보호를 느끼는 자는 믿음이 좋아진다.

"그리스도의 고난이 우리에게 넘친 것 같이 우리가 받

는 위로도 그리스도로 말미암아 넘"친다. 고린도후서 1:5

　바울은 고난이 고린도교회 성도들에게 위로가 될 것으로 믿었다. 고난 자체는 힘들고 괴로운 것이지만 고난 속에 역사하는 하나님의 능력과 보호가 바울 자신에게 있었듯이 성도들에게도 임할 것을 믿었기 때문이다. 그러므로 바울은 전도여행에서 겪은 일들을 환난 당한 성도들에게 전해 주었다.

　"힘에 겹도록 심한 고생을 당하여 살 소망까지 끊어지고 우리는 우리 자신이 사형 선고를 받은 줄 알았으니 이는 우리로 자기를 의지하지 말고 오직 죽은 자를 다시 살리시는 하나님만 의지하게 하심이라"고 했다. 고린도후서 1:8-9

　어려움 없이 매일 행복하게 살 수 있다면 얼마나 좋을까? 인간의 본성을 살펴보면 평안하면 할수록 눈에 보이는 것, 손에 잡히는 것, 육신적이고 현실적인 것에 집착하고,

보이지 않는 사랑과 감사는 쉽게 잊어버리고 산다. 그것을 아시고 하나님께서 환난으로 인하여 살 소망까지 끊어지게 하심은 우리를 행복하게 살게 하기 위한 사랑의 표현이자 보호의 방법이다. 목동이 푸른 초장을 향하게 될 때 훈련된 개는 목동의 뜻대로 양의 진로를 인도하기 위해 분주히 쫓아다닌다. 양의 입장에서 보면 힘들고 짜증스러울 수도 있다. 그러나 그것이 초원으로 가는 길이요, 이리떼에 먹히지 않고 보호받는 길임을 알아야 한다.

고난의 이유를 알고 긍정적으로 삶을 전환시키는 사람은 지혜로운 사람이다. 하나님은 사랑하는 사람에게 거룩한 비전을 주시는데, 회개를 통해 입히신다. 회개한 후 성령의 조명으로 인해 하나님의 뜻을 알게 한다. 그때 비로소 기뻐할 수 있다. 쉼 없이 기도할 수 있다. 범사에 감사할 수 있다. 고난이 우리를 위대한 사람으로, 하나님을 의지하는 사람으로 만들게 해야 한다.

고난의 이유를 알고

긍정적으로 삶을 전환시키는 사람은

지혜로운 사람이다.

소나무 마음

아름다운 설경을 보고 있노라면 하나님의 오묘하시고 신비하신 능력과 지혜를 느끼게 된다. 푸른 잎을 자랑했던 활엽수들이 다 옷을 벗고 알몸을 드러낸다. 하얀 설경을 딛고 서서 겨울 찬바람에 잉잉 울고 있다. 반면에 여름내 푸르름에 쌓여 있던 작은 침엽수들은 겨울에도 파란색 옷을 입고 겨울 태양을 마음껏 맞는다. 겨울이 와야 보여지는 키 작은 사철나무는 하얀 눈을 머리에 이고 온 몸으로 떠받치고 태양빛에 눈물을 흘리고 있다. 저만큼 세워졌던 송전선 철탑들은 오늘따라 뽀얀 구름사이로 따스하게 하얀 눈을 녹아 내리게 하는 태양과 조용히 맞서 있다. 하얗게 덮인 설경, 저만치 보이는 비닐하우스와 군데군데 세워진 작은 전봇대, 농부의 손때가 묻어있는 흔적들이 오늘따라 가여워 보인다. 어디에서 나타났는지 작은 꿩 한 마리가 아무도 쫓아오지 않는데 눈밭을 빨리 달리고 있다. 또 한 마리의 까치가 눈꽃 핀 가지에 사뿐히 올라가니 가지의 눈덩이들이 우수수 땅으로 쏟아진다. 초등학생으로 보이는 두 명의 학생이 노랑가방을 들고 외투를 입고 다정하게 걷고 있다.

하얀 백지에 그려 놓은 듯한 자연은 표현할 수 없는 아름다운 자태를 자랑하고 있다.

봄, 여름, 가을을 지나 겨울의 전성기를 맞은 침엽수의 삶은 우리 인생을 보여 주는 것 같다. 쉼 없이 푸르름을 유지했던 삶, 다른 사람들은 다 앙상하게 벗겨져 있지만 그늘 속에서도 모질게 견디어 온 활엽수들이 빛을 본다. 그늘 속에서도 진실함을 잊지 않고 생명력을 가지고 살면 많은 사람들을 도와 줄 수 있는 상록수의 아름다움을 지니게 된다. 파란 마음을 다짐하며 하얀 눈꽃을 심은 소나무처럼 말없이 사계절을 보내야겠다고 다짐하며 설경으로부터 눈을 돌린다.

그늘 속에서도 진실함을 잊지 않고 생명력을 가지고 살면 많은 사람들을 도와 줄 수 있는 상록수의 아름다움을 지니게 된다.

건강한 나무뿌리

사람은 건강을 추구한다. 묘목장에 즐비한 나무 중에 한 그루를 선택하여 정원에 심고자 할 때 약한 나무보다는 건강한 나무 즉, 뿌리와 대롱과 잎이 제대로 된 것을 선택한다. 이유는 자신이 심은 나무가 잘 자라서 기쁨을 얻기 위해서다. 만약 분별력 없이 약한 뿌리의 나무를 선택한다면, 영양공급이 수월하지 못하여 성장하지 못하고 죽게 될 것이다. 시간들이고 정성을 쏟았던 것이 헛수고로 돌아갈 때 결국 행복도 같이 빼앗긴다. 그러므로 행복을 맛보기 위해서 건강한 것을 취하는 것은 매우 합당한 것이다.

외모를 취하는 사람은 육체의 멋이나 아름다운 신체의 부분이 선택의 기준이 될 수 있으나 요즘 결혼 상대자에게 건강 검진결과를 요구하는 이들이 늘어나고 있는 것도 건강을 추구하기 때문이다.

한 가정을 행복하게 이끌고 있는 가장이 있었다. 그는 총각시절 서른 살이 되면서 머리가 벗겨졌다. 그 이유로 많은 배우자감으로부터 외면을 당했다. 그는 가발을 쓰게 되었고 사랑하는 사람을 만나 결혼해서 첫아이를 낳기까지 그 사실을 아내에게 말하지 않았다. 나중에 그 사실을 안 아내는 두 가지 마음을 갖게 되었다고 한다. 먼저는 자신을 철저히 속였다는 배신감이 있었고, 또 한편으로는 측은함을 느꼈다고 했다. 그러나 만약 처음 만나 남편의 됨됨이를 알기 전에 대머리였다는 것을 알았다면 그를 외면했을 것이라고 했다. 그 남편이 대머리라는 것을 말하지 않은 것이 결혼하는데 큰 역할을 했다. 외모의 중요성 내지는 능력이라고 할 수 있다. 요즘 성형수술을 하여 젊게 보이려는 이유도 외적인 것이 결혼이나 취업에 상당한 영향을 주기 때문이다. 그러나 외모는 인간관계의 접합점일 뿐이다. 그 이상의 매력은 상대의 정신세계와 영적 능력이다. 외모와 관계없이 이루어지는 교제와 사랑에 진정한 행복의 세계가 있다는 것을 알아야 한다.

친구 중에 양팔이 없는 맹인목사가 있다. 식사하는 것과 머리 손질 등 인간이 해야 할 최소의 부분도 감당하지 못하고 있기 때문에 아내가 함께 다니면서 수발을 든다. 그들은 늘 함께 하며, 언제나 행복해 보인다. 그 목사는 미모를 갖춘 사모의 헌신적인 보살핌으로 어두움이 없이 밝은 모습을 하고 있다. 정신적인 건강과 생명을 사랑하는 영적 사랑의 능력이다.

사랑할 수 없는 사람을 사랑하는 것이 곧 하나님의 사랑이다. 하나님의 마음을 받아드리면 어떻게 되는가? 하나님이 주신 선물인 예수님을 믿고 영접하면 어떻게 되는가?

"하나님이 세상을 이처럼 사랑하사 독생자를 주셨으니 이는 그를 믿는 자마다 멸망하지 않고 영생을 얻"는다.

요한복음 3:16

인간의 최고의 행복은 영생을 누리는 것이요, 전능자의 자녀가 되는 것이다. 자녀는 부모의 실력으로 살아간다. 아버지의 능력만큼 자녀는 누릴 수 있다. 아버지가 재산이 많고 권세가 높으면 그 배경으로 자녀가 보호를 받게 된다. 물의 깊이를 알려면 정확한 자가 있어야 한다. 또 그 물의 성분을 알아보려면 그 물을 검사해 보아야 한다. 쇠의 강도를 알아보려면 어떤 힘을 가해야 알 수 있다. 그와 같이 신앙상태를 점검해보려면 자신의 경제나 자존심 등 환경의 변화가 생겼을 때 나타나는 본능의 반응을 보면 신앙의 건강을 알 수 있다. 하나님을 온전히 믿는 믿음을 알려면 정신건강과 아울러 삶의 건강을 함께 알아야 한다.

"너희는 믿지 않는 자와 멍에를 함께 메지 말라 의와

불법이 어찌 함께 하며 빛과 어둠이" 어찌 함께 할 수 있으

라. 고린도후서 6:14

마음이 하나되지 못하면 깊은 사랑뿐 아니라 삶의 조화를 이루는데 문제가 있다. 지혜로운 사람은 문제점을 상대나 환경에서 찾기보다는 근본적인 원리에서 찾는다.

생각이 뿌리라면 나무는 삶이다. 삶의 현실을 통해 나타난 나무의 본능과 본질, 즉 그 삶의 가치를 알아야 한다. 아무리 귀하게 보여도 그 사람을 통해 좋은 환경이 만들어지지 않는다면 그는 아름다운 사람이 아니다. 무늬만 나무는 나무가 아니다. 무늬만 가정도 가정이 아니다.

사랑할 수 없는 사람을 사랑하는 것이 곧 하나님의 사랑이다.

역전의 힘

범한 부모의 소원 중 제일은 자녀가 잘되는 것이다. 부모는 자녀의 아픔이나 실패를 자신의 고통으로 여긴다. 자녀의 바른 성장은 부모의 행복한 삶과도 관계가 있다.

우리는 사무엘과 홉니와 비느하스의 모습을 보면서 성공과 실패의 모습을 볼 수 있다. 잘사는 가정이나 가난한 가정은 그 나름대로 그렇게 사는 이유가 있다. 자녀들은 부모님의 말을 듣고 행하는 것 보다 부모님의 행위를 보고 닮는다.

세살 버릇 여든까지 간다는 말이 있다. 사회교육도 중요하지만 더 중요한 것이 가정교육이다. 인생의 생각과 삶의 기초는 하나님과 부모에 의해 결정된다.

모세가 위대한 지도자가 된 것도 유모인 친 엄마 요게벳에 의해서 젖을 먹으면서 심겨진 선민사상 때문이다. 사람이 무엇을 심든지 그대로 거두는 것은 하나님의 법칙이다. 자녀는 절대적으로 부모의 영향을 받는다. 그러나 예외가 있다. 성령의 능력이 임하면 선하게 되고 새로워진다. 진리는 인간의 이성을 초월한다. 그러므로 믿음있는 자는 모든 일에 낙심하지 말아야 한다.

개가 소를 낳았다는 기사를 본 적이 없다. 양이 염소를 낳았다는 소리를 들어본 적도 없다. 그러나 진리 안에서는 악인이 선인으로, 사망이 생명으로 바뀌어진다.

진리는 인간의 이성을 초월한다.

역설적 진리

세월은 참으로 빠르게 간다. 가는 날을 느끼는 것은 환경과 연령에 따라 조금의 차이가 있다. 나이만큼 속도를 느낌으로 노년에는 중심을 잡을 수 없어 치매가 온다는 웃지 못할 소리도 있다. 흐르는 시간들 속에 홍수의 물길처럼 밀려오는 아픈 추억들로 고통을 호소하는 사람들이 있다.

지난날의 순간적 실수의 열매로 인하여 아직도 그 괴로움의 통증을 느끼고 있는 사람도 있다. 증권으로 인한 손해, 실패, 이혼, 도박, 경마와 같은 잘못된 상술에 미혹되거나 손해 보는데 투자하여 후회하는 이들도 있다.

그러나 땀흘리며 일을 하고 하나님의 말씀에 순종하고 열심히 살아온 이들 가운데는 받은 복으로 인하여 행복해하는 이들도 있다. 과거가 현재를 만들었다면, 현재는 필경 미래를 보장하는 행복의 터전이다. 지금의 고통을 믿음으로 극복하면서 철저히 회개하면 내일은 분명히 잘될 수밖에 없다.

하나님 안에서 위기는 곧 기회이다. 성도가 당하는 모든 역경은 기회라는 것이다. 육체적 실패는 영적 성공의 기회요, 죽음은 부활 준비의 시작이다.

살아도 살고 죽어도 사는 영생을 보장하는 것이 기독교이다. 이 역설적 진리를 알지 못하면 낙심하게 마련이다. 어떤 이는 생명까지 담보로 잡게 된다. 혹 실패하더라도 누구를 원망하지 말고, 또 성공해도 하나님이 주신 것인 줄 알고 하나님께 영광을 돌리는 것이 지혜자의 길이다.

행복의 기초

오월의 문턱에서 이상기온으로 내린 하얀 눈들은 고운 새색시 화난 모습 같아 보기에도 민망스럽다. 자연도 이상기류로 인해 고통받고 있지만, 우리의 사회나 가정도 어둠의 권세에 의해 신음하고 있다. 잘났다고 생각되는 이들은 권위를 업신여기고 조화의 아름다움을 포기하는 약점이 있으니, 웃다가도 울게되고 기대했다가도 결국 실망하게 된다.

오늘날 가정과 교회는 '흉흉히 뛰어 노는 거친 바다 위에 놓여 있는 배와 같다' 라는 표현을 해도 결코 무리가 아닌 듯 하다. 그러나 그 가운데서 마음에 평안을 유지하고 내일의 희망을 잃지 않는 것은, 하나님께는 풍랑을 잔잔케 하는 능력이 있기 때문이다.

진정과 신령의 예배가 드려지는 곳에는 성령의 역사로 마음에 평강이 찾아온다. 또 행복의 기초가 되는 믿음과 사랑의 샘이 솟는다.

하나님의 능력을 이 땅에 이루기 위해 기도하자. 자신을 위하는 것 이상으로 나라와 세계 교회를 위해 중보 기도하자. 은사대로 충성하고 봉사하자. 큰 성공이 있으면 거짓 형제가 접근하고 큰 대적이 나타날 수 있고, 의롭게 살다보면 핍박을 받기도 한다. 그래도 의롭게 살아야 한다.

힘들어도 행복을 향해 전진하면 고난의 삶도 복의 삶으로 전환된다. 우리 모두는 기적을 창조할만한 능력을 부여받았기 때문이다.

우리 모두는 기적을 창조할만한 능력을 부여받았다.

복다운 복

노인정을 찾아다니면서 어르신들과 함께 장기와 바둑을 두고, 노인학교를 하면서 일주일에 한번씩 어른을 공경한 것이 시작되어 노인복지회관, 푸드뱅크, 청소년 복지학교 등 다양한 복지를 체계적으로 한지 어느덧 수년이 지났다.

복지라고 함은 사람을 돌보며 사람의 영혼까지 행복의 길로 인도하는 것이다. 사람을 돌보는데 있어서는 진실됨과 그 사람에 대한 관심과 사랑이 선행되어야 한다. 어떻게 하면 죽음에 가까이 있는 어르신들께 복음을 전하여 하나님의 나라로 들어가시게 할까라는 관심이 우리만의 특색 있는 복지 프로그램을 만들게 했다.

성민원 산하 12개의 부설기관 중 하나인 가정봉사원 파견센터의 시설장이 공동모금에 목욕차를 신청한다고 하였다. 그래서 거동이 불편하여 복지관을 이용하지 못하는 어르신들에게 이동 목욕차로 시원하게 씻어 주면 좋겠다는 생각으로 잘해보라고 하였다. 그리고는 미국성회를 다녀왔는데, 교회 주차장에 아주 멋있는 차가 반짝이며 서 있었다. "이번에 받은 이동목욕차량입니다. 기금 2천만 원과 함께 왔습니다."라는 직원의 보고가 있었다. 그런데 15인승 크기의 차 양 옆과 뒤에 '로또'라는 문구가 크게 둘러가며 있는 것이었다. 아무 말 하지 않고 차를 둘러 본 다음 시차 적응이 잘 안되어 집으로 들어갔다. 로또가 새겨진 차가 마음에 거슬렸다. "범사에 네 자신으로 선한 일의 본을 보여 교훈의 부패치 아니함과 경건함" 이라는 말씀이 생각났다. ^{디도서 2:7} 범사에 선한 일을 하기를 우리 주님은 원하신다.

공동모금에서 주는 것인지 알았는데, 알고 보니 2003년 10월 27일에 로또에서 공동모금을 통하여 전국 복지사업단체에 108대의 차량과 기금을 후원한다고 해서 우리 가정봉사원파견센터에서는 좋은 일에 쓰여 질 목욕차량만 생각하여 신청을 한 것이다. 그리고 약 보름 뒤인 11월 13일에 차량과 기금이 온 것이다.

로또에서 발생하는 이익금을 어려운 이웃과 함께 한다는 것은 좋은 일이라 할 수 있다. 그러나 지나친 로또 열기로 인하여 많은 사람들이 허탈감에 빠지고 사행심을 조장하고 있는 현실이 아닌가! 복지는 주로 저소득층의 사람들을 대상으로 하고 있다. 로또 복권을 사는 부류도 부유층보다는 저소득층의 서민들이 더 많다는 것이 문제다. 로또가 공공목적을 위해 활용된다고 하지만, 로또 복권의 판매는 일종의 세금이라고 볼 수 있다. 잘사는 사람이 더 많이 내는 누진세가 아니라, 저소득층이 더 많이 내는 역 누진세라는 것이 문제인 것이다. 복권에 당첨되는 것이 행운이기도 하지만,

불운의 시작이 되어 상당한 사회의 문제를 야기하고 있다.

사랑의 차가 로또가 새겨진 채로 전국의 거리를 활보하고 다닌다면 이를 보는 모든 어린아이들은 어릴 때부터 복지라는 좋은 옷으로 인해 로또가 사람의 마음에 어떠한 악영향을 미칠지도 모른 채 로또 최면에 걸리게 되고, 이로써 또 다른 사회의 악을 만드는 것이다. 로또의 사행심을 원초적으로 막지 못하는 현실이다. 로또에서 공공사업자금을 사회로 환원하는 것은 바람직한 일이고 더 많은 자금이 복지를 위해서 쓰여져야 한다고 생각한다. 그러나 로또를 과대 선전이나 광고할 필요는 없다고 생각한다. 진정한 사랑이 순수한 목적으로 행해 질 때 사람의 마음에 참다운 복지로 다가갈 것이다.

결국 기도 끝에 차량과 기금을 반납하기로 하였다. 한 직원은 "목사님, 로또 글씨 위에 다른 것을 부쳐서 보이지 않게 하고 사용하면 어떨까요?"라고 물었다. 그들의 마음을 모르는 것은 아니다. 어떻든지 여건이 여의치 않은 어르신들에게 따뜻한 물로 목욕을 해 주고 싶은 마음에서 일 것이다. 그러나 로또 딱지를 떼거나 그 위에 부친다할지라도 그 차는 로또 소속이다. 결국 반납하는 공문과 사유서를 써 내라고 로또 측에서 공문이 와서 반납사유서를 보냈다.

진정한 복은 위로부터 내리는 것이지 인위적으로 얻는 것이 아니다. 복의 통로가 중요하기 때문이다.

반납 사유서

귀 법인에서 사회사업을 위해 대단히 좋은 일을 한다고 생각하지만 받아들이는 쪽에서는 매우 난감한 상황에 처할 수도 있다고 생각됩니다.

귀사가 진정 가난한 자를 위함이 아니라 로또의 이미지 개선과 홍보의 목적이 있는 것을 너무 노골적으로 드러내고 있습니다. 그 뿐 아니라 지역 주민들이 고마워하고 마음으로 사랑받는 복지기관이 로또의 홍보차량을 사용한다면 국민을 혼돈시킬 수 있습니다. 본 원은 나라의 어린이 교육 등을 위해 사행심을 자극하는 차량을 사용하는 것이 옳지 않다고 판단되어 반납합니다. 처음에는 순수한 복지 차원에서 기증하는 줄 알았는데 받고 보니 홍보 차원이었으므로 반납하게 되었습니다.

본 원도 차량 등록비 등 200만원 정도 손해를 보았습니다.

부탁은 이 나라의 내일을 염려하여 일하는 분위기로 만들고 사행심을 일으키는 로또복권 정책은 먼 훗날을 위해 중단되는 것이 바람직하다고 봅니다. 또 각 복지관에 기증된 차량들도 옆면에 있는 것을 지우고 작은 마크로 대신 하는 것이 바람직하다고 생각합니다.

잘못하면 선행이라고 생각하는 것이 부작용 날 수 있기 때문입니다. 홍보를 복지기관을 통해 하는 것은 복지 정신에 대립됨을 알았으면 합니다. 그리하여 차량과 기금을 반납합니다.

2003년 11월
사단법인 성민원 이사장 권태진

행 · 복 · 오 · 네

今

성 공 의 향 기 ＊ 기 도 는 역 전 의 씨 앗 ＊ 오 뚜 기 성 도 ＊ 무 한 한
에 너 지 ＊ 행 복 의 열 쇠 ＊ 준 비 된 소 원 ＊ 사 랑 의 눈 물

오늘의 행복을 기도로

성공의 향기

개 척자는 가보지 않은 땅을 찾아가고 불가능을 가능케 하는 힘을 가진 자이다. 믿음 있는 자가 개척가가 될 수 있고 모험으로 새로운 미래를 만들어 간다. 믿음으로 사는 사람은 뒤로 물러서지 않는다.

"손에 쟁기를 잡고 뒤를 돌아보는 자는 하나님의 나라에 합당하지 아니"하다. 누가복음 9:62

　　믿음은 거룩한 교훈이며 행복의 시작이다. 본토 친척 아버지를 떠날 때도 믿음이 필요했다. 안락한 삶의 터전을 떠나고 적응된 환경을 버리며 새로운 습관에 도전할 때도 믿음이 필요하다. 인생의 행복은 주어진 삶에 안주하려는 데 있는 것이 아니고, 오히려 한 알의 밀알이 될 때 찾아오는 것이다. 성장과 성숙을 경험할 때 느껴진다. 자신이 몰두하고 있는 일에 지속적인 발전이 있고 만족하며 가치 있다고 느낄 때 체험된다.

　　환경을 아름답게 하는 사람은 안주하지 않는다. 과거 속에 자신을 가두지도 않는다. 지혜로운 사람은 성공의 노예도 실패의 노예도 아니다. 단지 미래의 행복을 위해 전진한다. 소유욕과 죽음을 초월하고 강하고 담대하며 용기와 열정을 가지기 위해 두 주먹을 불끈 쥐고 살아간다. 나이가 들었다고 늙는 것은 아니다. 꿈을 상실한 순간 늙는다. 할 수 없다고 생각하는 것은 하나님의 능력을 제한하는 죄를 짓는 것이며, 후회는 미래의 꿈을 좀먹어 추진력을 저하시킨다. 하나님의 뜻을 알고 열정으로 전진하면 홍해도 요단

강도 그 꿈을 막지 못한다.

사무엘 울만*은 "세월은 피부를 주름지게 하지만 열정을 포기하는 것은 영혼을 주름지게 한다."고 했다. 열정을 가진 영혼은 아름답다. 비전이 있는 사람은 열정이 있다. 비전은 열정의 아버지다. 실패를 두려워 말고 할 수 있는 것부터 해보자. 성공한 사람의 실패를 통해 간접으로 경험되는 겸손을 겸비하고 그들로부터 풍겨나는 성공의 향기를 맡아보자. 불신과 과거에 결박된 부분으로부터 자유하여 외양간에서 나온 송아지처럼 뛰어 보자. 용기와 열정, 그리고 사랑으로 하루하루를 잘 일구는 행복한 오늘을 만들자. 그 오늘이 내일이다.

＊**사무엘 울만**(Samuel Ullman) 미국 앨리배마주에서 청소년 교육을 위해 일생을 바친 시인, 연꽃향기(Youth) 시로 유명.

성공한 사람의 실패를 통해

간접으로 경험되는 겸손을 겸비하고

그들로부터 풍겨나는 성공의 향기를 맡아보자.

기도는 역전의 씨앗

우리는 평안을 원하나 하나님은 고난을 주실 때가 있다. 현재의 만족보다는 영생복락을 주길 원하신다. 인간이 행복하려면 육체와 영적 건강이 있어야 한다. 영육 간의 강건함이 있을 때 하나님과 사람에게 사랑을 전할 수 있다. 영적인 강건을 먼저 주신 다음에 육체의 평안을 주실 때가 있다.

엘가나에게는 두 아내가 있었다. 그 중 한 사람인 한나는 무자했으므로 엘가나의 또 다른 부인 브닌나는 한나를 별 볼일 없는 여자로 여겼다. 한나는 브닌나의 자극적 행동으로 인해 울며 먹지도 않았다. 그 고통은 하나님께 더욱 기도하는 행위로 연결되었다.

"한나가 마음이 괴로워서 여호와께 기도하고 통곡하며 서원하여 이르되 만군의 여호와여 만일 주의 여종의 고통을 돌보시고 나를 기억하사 주의 여종을 잊지 아니하시고 주의 여종에게 아들을 주시면 내가 그의 평생에 그를 여호와께 드리고 삭도를 그의 머리에 대지 아니하겠"다고 서원했다. 사무엘상 1:10-11

결국 한나는 하나님께 응답 받았다. 그녀는 아들을 얻었다. 사무엘 선지자의 어머니가 되었다. 어려운 고통을 기도의 씨로 심어 불행을 행복으로 역전시켰다. 한나를 자극한 브닌나는 쇠퇴했고 한나는 더욱 번성했다.

요즘 많은 사람들이 어려움을 당하면 현실을 떠나 죽

음으로 풀려는 이들이 있다. 모그룹의 젊은 대표도 자살로,
전교조에게 수치를 당했다는 모교장도 자살로, 모시장님
도 자살로…. 이름만 들어도 알만한 이들을 죽음으로 이끈
배경을 이해할 듯 하다.

과거에 악인으로 인하여 억울하게 누명을 쓰고 경찰서
에서 조서 받고 검찰청까지 간 일이 있었다. 오해로 인해
받은 모멸감으로 인해 나의 자존심이 크게 상했는데, 자신
이 인정하는 수치스러운 상태에서는 죽고 싶은 생각이 들
수 있으리라는 생각이 든다.

다니엘이 아무 죄 없이 사자굴에 들어간 것이 얼마나
억울하였겠는가? 요셉이 형제들에게 은 20냥에 팔려간 것
이 얼마나 억울하였겠는가? 사도 바울이 아시아에서 복음
전하다가 살 소망까지 끊어지도록 고난을 받은 것이 얼마
나 억울하였을까?

인생은 빈손 들고 왔다가 빈손으로 간다. 부족한 상태
에서 왔다가 부족한 그대로 간다. 누웠다가 일어난 후 다시
누워서 간다. 어린이가 어른 되었다가 다시 어린이로 돌아

가는 모습을 본다.

이 땅에는 어려움과 행복이 돌고 돈다. 어려움이 오면 기도하면서 하나님의 능력으로 극복해야 한다. 하나님은 기도하게 하시려고 오늘도 고난을 주신다.

오뚜기 성도

하나님은 실패 후 낙심해 있는 사람에게도 찾아오신다. 사람은 누구나 침체의 늪에서 고통을 호소 할 때가 있다. 엘리야 같은 위대한 선지자도 침체의 수렁에 빠져 탄식했다. 누구에게나 침체의 늪에서 고통당할 수 있다. 예수님도 십자가를 앞두고 아버지께 잔이 지나가도록 기도하였다.

엘리야는 로뎀나무 앞에서 탄식하며 쓰러졌다. 왜 이렇게 되었을까? 침체의 원인을 아는 것이 매우 중요하다.

침체는 큰 성취 후에 찾아 올 수 있다. 갈멜산의 승리는 최고의 영광이요, 그동안의 울분을 풀어낼 만한 사건이요, 우상 섬기는 사람들을 죽이고 하나님을 높인 전무후무한 역사적 사건이다. 그러나 이러한 큰 일 이후에 오는 허탈감을 잘 관리해야 한다. 목표를 향할 때는 생동감이 있으나, 목표를 이루었거나 목표를 상실했을 때는 허탈감에 빠지기 쉽다. 또 육체가 너무 피곤해도 허탈감에 사로잡히게 되고 탈진 상태에서 탄식할 수 있다. 엘리야는 육체적으로 너무 지쳐있었다. 갈멜의 영적전쟁, 비 오기 위한 기도, 아합 왕의 마차를 뛰어서 앞지르는 등 모두가 육체적 능력을 초월하는 행위였다. 이런 사람에게는 조금의 자극도 큰 침체를 가져오게 할 수 있다. 담대한 엘리야가 이세벨의 말 한마디에 로뎀나무 밑으로까지 가게 되었다. 약해지면 현실을 피하고 싶다. 홀로 있기를 원한다. 의욕상실로 죽기를 원한다. 자신의 연민에 빠질 뿐 아니라, 자신만이 이와 같은 어려움에 처해있다고 생각한다. 엘리야의 심령은 만신창이가 되었다. 그러나 하나님은 그를 찾아와 육체를 쉬게 했고

재우고 먹이고 어루만져 주셨다. 또한 그에게 새로운 사명을 맡기고 비전을 주셨다. 더욱이 동반자 엘리사를 허락하셨다. 하나님 안에 있는 자는 오뚜기와 같이 쓰러져도 곧 일어난다. 모든 사람이 다 버려도 하나님은 자기 사람을 버리지 않으신다. 침체해 있는 곳이 오히려 하나님의 사랑을 맛보는 장소였다. 평소에 최선을 다하는 자는 어려움 당할 때에 참 안식의 장소를 찾는다. 이때 치료가 있고 비전이 생긴다. 오늘을 사는 택한 백성은 십자가 곁으로 오면 쉼을 얻는다. 누구나 겪는 침체와 고통이 있음을 알고 하나님 품에서 안식을 얻어 말씀과 기도의 날개로 하늘을 날아 보자.

큰 일 이후에 오는 허탈감을 잘 관리해야 한다.

무한한 에너지

기도는 환경을 이기는 에너지이며, 기도의 응답은 하나님의 능력을 덧입고 세상을 이기게 하는 사랑의 음성이다.

베드로는 사랑의 동기에서 주신 예수님의 말씀을 잘 이해하지 못했다. 마음에는 원이로되 육신이 약해서 기도를 하지 못했다면 마음은 원했지만 육신이 약해서 이루지 못하는 불행이 있다는 것이다.

"오늘 밤 닭 울기 전에 네가 세 번 나를 부인하리라"라고 하셨을 때 ^{마태복음 26:34} "주와 함께 죽을지언정 주를 부인하지 않겠나이다"고 답했다. ^{마태복음26:35}

결국 그는 세 번 주를 부인했다. 육신이 약하여 죽음에 대한 두려움으로 환경에 진 것이다. 나중에 주님의 말씀이 생각나 양심에 가책되어 통곡했다. 결국 그는 동료들을 이끌고 고기 잡으러 가는 신세로 전락되었다. 그러나 주님은 베드로를 찾아가 만나 주셨다. 그는 오순절 다락방의 성령 충만함을 받고 사역을 하다가 순교의 제물이 되었다. 베드로의 길을 보면 기도가 얼마나 중요한가를 알 수 있다. 기도의 문으로 들어가야 환경을 이길 수 있다. 기도의 문을 열지 못하면 아무리 환경을 이기고 싶어도 이기지 못한다.

다니엘은 젊어서부터 외모나 사욕을 따라 살지 않고 하나님을 바라보면서 살았다. 포로로 잡혀가서 외로운 환경을 하나님과 함께 보냈다. 그 결과 하나님으로부터 많은 지혜를 받았다. 꿈을 해몽할 수 있는 지혜를 받는 등 하나님의 영에 사로 잡혀 살았다. 그는 왕이 총애 할만한 지혜를 가졌다. 포로로 가서 약 70년 동안 하나님의 은혜와 능력 속에 살았다. 그는 나이 85세 쯤 총리가 되었다. 그리고 주위 사람들로부터 시기를 받기 시작했다. 인간은 잘되는 사람을 시기하고 자기보다 잘 되는 사람을 넘어뜨리려 한다. 다니엘은 부정부패, 명예욕 그리고 실수가 없는 사람이었다. 그에게서는 약점을 찾을 수가 없었다. 그러나 그를 시기한 자들은 다니엘에게 기도하는 습관이 있다는 것을 알고 한 달 동안 기도를 금하는 법을 만들었다. 그럼에도 다니엘의 하나님을 향한 기도의 열정은 계속 되었다. 다니엘은 능력의 하나님과 갈라놓으려는 사단에게 넘어 가지 않았다. 타협하거나 양보하지 않았다. 과거에 하던 대로 기도했다. 그 결과로 사자굴에 들어갔다. 이때 다니엘은 스스로 자기를 보호 한 것이 아니라 하나님께서 보호하도록 온 몸을 던져 버렸다. 하나님은 환경을 이기는 능력을 주셨다. 하나님은 이미 다니엘을 보호하기 위해서 천사를 보내어 사자의 입을 막았다. 다니엘은 건강한 모습으로 사자굴에서 나왔다. 하나님은 원수를 갚아 주셨다. 드디어 핍박한 사람들이 왕의 명령에 따라 사자굴에 들어가게 되었다. 사자들이 핍박하던 사람들을 삼켰다.

원수 마귀들은 기도하는 것을 항상 방해한다. 하나님과 단절시키려 한다. 기도의 불씨가 타오르는 사람으로 인하여 환경이 새롭게 되고 기도의 열정이 있는 사람으로 인해 그 가정과 지역 사회도 아름답게 된다. 엘리사와 다니엘처럼 기도한다면 이 세상은 달라질 것이다. 기도는 성도들에게 무한한 에너지를 공급해 주기 때문이다.

기도는 환경을 이기는 에너지이며,

기도의 응답은 하나님의 능력을 덧입고

세상을 이기게 하는 사랑의 음성이다.

행복의 열쇠

한국 사람의 자녀교육열은 세계적으로 대단하다. 어머니가 파출부를 하면서도 대학진학을 위해 학원을 보낸다. 그럼에도 한국사회는 건전하고 거룩하지 못하다. 급속화된 개인주의, 저출산, 고령화 등의 심각한 문제를 끌어안고 있다. 고령사회가 되는 것은 인간의 힘으로는 막을 수 없다 하더라도, 저출산의 문제는 노력하면 극복할 수 있다. 또 불신과 갈등도 사랑이 있다면 극복될 수 있다. 열심히 사는 것보다 중요한 것은 지혜롭게 사는 것이다. 사랑하는 것도 중요하지만 바르게 사랑하는 것이 더 중요하다.

탈무드에 '물고기 한 마리를 잡아 주면 하루를 살 수 있지만 물고기 잡는 법을 가르쳐 주면 평생을 살 수 있다'는 말이 있다. 자녀에게 남길 수 있는 귀한 유산은 재물보다는 복을 받는 법을 알려 주는 것이다.

성경에 엘리라는 제사장이 있다. 그에게는 홉니와 비느하스라는 아들이 있었다. 엘리는 자녀를 사랑하였지만 하나님 중심이 아니었음으로 자녀가 우상시 되었다. 그러므로 하나님은 엘리를 책망하고 그 가정에 재앙을 내리셨다.

"내가 전에 네 집과 네 조상의 집이 내 앞에 영원히 행하리라 하였으나 이제 나 여호와가 말하노니 결단코 그렇게 하지 아니하리라 나를 존중히 여기는 자를 내가 존중히 여기고 나를 멸시하는 자를 내가 경멸"한다고 했다. **사무엘상 2:30**

엘리의 사랑은 육신적인 것을 위한 것이다. 아들에게

하나님을 알리려 하지 않았다. 부모님의 말씀에 순종하게 하는 교육을 하지 않았다. 또한 성물의 분별과 성소의 소중함을 가르쳐주지 못함으로, 그의 아들은 회막에 수종드는 여인과 동침하는 범죄를 서슴지 않고 행했다. 그 결과 두 아들은 한 날에 죽었다. 엘리 가정의 사건을 통하여 오늘날 우리의 자녀교육에 적용할 교훈을 얻게 된다. 아무리 사랑해도 하나님의 뜻대로 사랑하지 않으면 그 결과는 실패로 끝나고 만다는 것이다.

자녀 사랑에 실패한 사람이 또 있다. 다윗이 압살롬을 키울 때도 그러했다. 압살롬의 양육방법에는 책망과 징계가 없었다. 오직 왕자로 누릴 수 있도록 하고 좋은 환경만 만들어 준 것이다. 그러나 다윗은 하나님의 사랑으로 살면서 큰 실수를 한 일이 있다. 우리아의 아내 밧세바를 범한 것을 숨기기 위해 그의 남편 우리아를 전장에 보내어 죽게 했다. 간음에 살인까지 저질렀다.

부모의 실패가 자녀들로 이어져 압살롬과 암논 등 가정의 자녀들이 성범죄로 인한 불행이 찾아 온 것이다. 그러나 다윗은 하나님이 보낸 나단 선지자의 책망을 받고 금식하며 울면서 회개함으로 그의 후손이 복을 받고 그의 혈통에서 그리스도가 태어나게 되었다. 자녀는 부모의 장점도 닮지만 잘못된 점도 닮는다. 그러기에 장점과 약점에 대한 우월의식과 열등의식 대신에 하나님의 말씀으로 양육하고자 하는 열정이 있어야 한다.

기도와 말씀에 순종하는 자녀는 하나님의 복을 받는다. 최고의 지식은 성경이요, 최고의 사람이 되는 것은 곧 하나님의 사람이 되는 것이다.

열심히 나는 것보다 중요한 것은 지혜롭게 나는 것이다.

준비된 소원

'우리의 소원은 통일, 꿈에도 소원은 통일' 분단의 아픔을 토해 내는 노래이다.

사람마다 소원이 있다. 우리를 만드신 하나님의 소원은 택한 백성이 형통하게 사는 것이다. 각박한 생이 아니라 길이 통하고 열리는 시원함을 맛보는 삶이다. 하나님이 원하시는 형통은, 자신만 형통한 것이 아니라 다른 사람도 형통하게 하는 것이다. 형통의 비밀을 아는 사람은 지혜로운 사람이다. 그 지혜는 성경 속에서 배울 수 있다.

"이 율법책을 네 입에서 떠나지 말게 하며 주야로 그것을 묵상하여 그 안에 기록된 대로 다 지켜 행하라 그리하면 네 길이 평탄하게 될 것이며 네가 형통" 한다. 여호수아 1:8

모세의 후계자로 지목된 후 불안해하는 여호수아에게 주신 말씀으로써, 하나님의 소원을 담고 있다. 여호수아에게 있어서의 형통은 하나님이 주시는 사명감이다. 가나안 땅을 정복하는 뜻을 이루는 것이다. 그러므로 전능자는 자신의 능력으로 환경과 대적을 이길 수 있도록 하신다. 하나님이 주신 재능과 은사를 가지고 사명을 감당하는 것이다.

씨앗을 심는 목적은 꽃을 피우고 열매를 맺는 것이다. 농부가 씨를 심을 때 분명한 목적을 가지고 심는 것 같이 하나님은 피조물 된 인간에게 목적을 가지고 창조하셨다. 이 땅에서 형통하게 살다가 하나님의 나라에 들어가게 하는 것이다.

하나님의 참 소원은 성도들이 범사에 잘 되는 것이다. 이는 자녀가 형통하기를 원하는 부모의 심정과 같다.

뇌수술 후에 회복을 기다리는 한 성도가 입원해 있는 병원으로 심방을 갔다. 그에게 소원이 무엇이냐고 물었더니 자녀가 잘되는 것이라고 했다. 병상에서라도 자신의 병을 고치는 것 보다 자신의 미래에 대한 것보다 자녀를 먼저 생각하는 어머니의 삶에서 주님의 모습을 찾는다. 자신의 몸에서 난 아들을 그토록 사랑할진대 독생자의 피 값으로 산 성도를 향한 하나님의 관심은 얼마나 크겠는가?

기도를 통해 형통의 능력을 받고 성령의 원리를 실천해야 형통의 길에 들어선다. 인간이 누리는 제일의 형통은 영혼의 구원이다. 또한 이 땅에 살면서 주님의 성품을 닮아가는 것이 승리의 삶이다.

하나님은 요셉에게 특별한 꿈을 주셨다. 자신의 계획을 알리셨다. 그러나 요셉의 현실은 배신과 고통을 경험하고, 억울한 누명으로 인해서 피눈물을 흘려야 했던 것이다. 하나님은 실패와 고통의 문 뒤에 형통의 길을 준비하고 그

길로 들어가게 하신다. 하나님은 순종하고 믿음있는 자를
통해 자신의 소원을 이루신다.

사랑의 눈물

어느 날 학교 가는 아이를 책망한 후 마음이 편치 않아 하루 종일 그 아이가 집에 오기를 기다린 적이 있다. 심한 야단을 맞은 자녀가 저녁을 먹지 않고 곤히 잠든 방에 들어가 자녀를 보며 마음 아파하는 사랑의 마음은 부모 된 자는 알 수 있을 것이다.

이처럼 아름답기만 하던 부모님의 사랑이 세속의 고통으로 인해 퇴색되어 가고 있다. 고아원에 보내고 심지어 자녀를 재워서 한강 물에 던진 사건도 있다. 가정의 붕괴를 막고 자녀를 보호하는 길은 사랑이다. 전능자의 사랑을 체험하는 성령의 능력을 입어야 한다.

예수님은 "이웃을 네 몸과 같이 사랑하라"^{마태복음 22:39} 고 하셨다. "함께 살아라", "함께 보호해라", "함께 사랑하라"는 말을 요약한 뜻이다. 사랑에는 관심이 따른다. 믿음과 보살핌이 있다. 이런 사랑이 있다면 탈선을 막을 수 있다.

성령 받기 전의 바울 사도는 잘못된 지식과 가치관 때문에 예수 믿는 사람을 핍박했다. 스데반을 죽이는데 앞장을 서기도 했다. 다메섹이란 곳에 그리스도의 제자가 있다는 정보를 듣고 제사장에게 가서 권세를 받아 그들을 잡아가두기 위해 갔다. 그곳에서 그는 예수님을 만났다. 빛 가운데 음성으로 나타나신 주님을 만난 후 그의 삶이 아름답게 변했다. 예수님을 보는 시각이 달라졌다. 지식과 감정과 친구와 언어, 모두가 달라졌다. 친구도 바뀌었다. 어둠에 속했을 때는 어둠에 속한 사람과 친구가 되고, 빛에 거하게 되니 과거에 함께 했던 모두가 바울의 원수가 되었다. 심지어 바울을 죽이기 전에는 음식도 먹지 않겠다는 이들까지 생기게 되었다. 바울은 거룩하게 변하여 진도여행을 하면서 교회를 세웠다. 바울은 눈물의 사람이다. 눈물은 정서와 사랑의 산물이다. 정서가 없으면 진리에 대한 갈증을 느낄 수 없다.

나를 만나는 사람이 잘못된 사람이면 자신이 잘못된 사람임을 알아야 한다. 친구를 보며 자신을 다시 평가할 수 있는 지혜가 있어야 한다.

인간의 성품의 중심에는 근본적인 정서가 담겨져 있다. 하나님의 사랑을 접한 다윗도 눈물이 많았다. 주님도 눈물을 흘리셨다. 마음의 정서 속에 불안과 불만족이 있는 사람은 인생을 다시 곰곰이 생각해보아야 한다. 하나님의 사랑을 이루는 거룩한 일에 눈물 흘릴 수 있는 사람은 인류에게 좋은 영향을 미칠 수 있다. 바울은 어머니 마음처럼 죄 가운데 고통당하는 이들을 불쌍히 여기는 마음과 아파하는 마음이 있었다.

성령의 교훈과 책망은 곧 하나님이 인간을 향한 사랑

이다. 지혜자는 하나님을 기쁘게 한다. 그리고 은혜를 입고 기뻐한다. 그리고 스스로 그리스도의 종이 되어 기쁨으로 살아간다. 책망 뒤에 숨겨져 있는 사랑을 보는 신령한 눈이 열려야 자신을 아름다운 사람으로 세울 것이다.

하나님의 사랑을 이루는 거룩한 일에
눈물 흘릴 수 있는 사람은
인류에게 좋은 영향을 미칠 수 있다.

행 - 복 - 오 - 네

來

내일은 오늘의 열매가

염소의 사명

투정 섞인 말로 "저 사람 왜 저래? 정말 골치 아픈 사람이야!"라는 말을 종종 듣는다. 그러나 바르게 행동하지 못하는 사람도 때때로 필요하다. 양을 치는 목장에는 싸움을 좋아하는 염소가 있다. 그들은 배부른 양들이 누워서 잠을 청하면 날카로운 뿔로 받아 자지 못하게 한다. 양들이 병드는 것을 막아 주는 것이다. 그래서 목자가 양의 우리에 일부러 염소를 몇 마리 넣어 주는 것이다.

예수님의 12제자 중에 정말 형편없는 사람이 있었다. 그는 예수를 따르는 목적이 달랐다. 스승이 존경받고 영광 받는 것을 못마땅하게 여겼다. 주님을 만나 큰 기쁨을 얻는 마리아가 옥합을 깰 때에 분노하여 "왜 귀한 것을 허비하느냐"라고 호통 쳤다. 그뿐 아니라 그는 스승을 제사장들에게 은 30냥 값에 팔아 넘겼다. 또 예수를 알려 주고 넘겨 주기 위해 입 맞추는 행위까지 서슴지 않았다. 이 얼마나 가증스럽고 진실치 못한 자인가. 그러나 예수는 이런 사람도 제자의 반열에서 추방하지 않고 끝까지 가셨다. 왜일까? 그도 구원사역 즉, 하나님의 뜻을 이루는 데 일조할 것을 알았기 때문이다. 예수가 십자가를 지는 것은 하나님의 뜻이다. 그 십자가를 통해 인간의 모든 죄를 대속하는 은혜를 입힐 계획이 있으셨다. 가룟유다처럼 돈만 알고 사사건건 문제를 일으키고 성도들을 분노케 하는 이가 있어도 이상히 여기지 말아야한다. 그는 기도의 잠을 깨우는 염소요, 쓰임 받은 후 결국 버림받을 자의 반열에 서는 불쌍한 사람이다. 가룟유다의 종말을 보라.

"인자를 파는 그 사람에게는 화가 있으리로다 그 사람
은 차라리 나지 아니히였더리면 지기에게 좋을 뻔"하였다.

그는 예수님을 판 돈 30냥을 사용하지도 못했다. 양심
의 가책 때문에 대제사장과 장로에게 도로 주었고, 너무나
괴로워서 자살했다. 불의한 일에 사용 된 자의 고통은 영원
한 것이다. 하나님은 악인을 보낼 때가 있다. 그러나 그들
까지도 미워해서는 안된다. 그러나 염소의 반열에 서지 말
고 묵묵히 견뎌내야 한다. 고난을 주고 핍박을 하면 성화를
이루게 하는 감사의 조건으로 알고 초연해야 한다. 집 안에
막대기가 많다고 두려워 말고 그것을 잡는 부모님을 두려
워해야 하듯, 세상을 두려워 말고 악인의 손에 붙이기도 하
고 지켜주시기도 하시는 하나님을 의지하며 기도해야 한
다. 환경을 두려워하는 육성을 버리고 하나님을 전적으로
의지하는 믿음의 지혜를 가져 보자.

고난을 주고 핍박을 하면

성화를 이루게 하는 감사의 조건으로 알고

초연해야 한다.

변화된 가치관

몇 년 전에 영국 사람들이 현대과학으로 '둘리' 라는 양을 복제하는데 성공했다고 좋아하는 소식을 들었다. 그런데 며칠 전에 그 양이 병들어 안락사 시켰다는 소식을 들었다. 지금도 자연을 사랑하고 창조된 상태의 모습으로 살아 보겠다는 문화를 거부하는 소수의 사람들이 있다. 현대 문화와 실리주의에 빠진 이들에겐 매우 미련한 사람들처럼 보일 수 있다.

그러나 또 한편으로 보면 사람들의 삶이 무엇인지 알고 있는 지혜로운 사람들처럼 보이기도 한다. 이렇게 말하는 자신도 문화와 실리를 받아들이고 인정한다. 문화가 기계를 다스려야 하는데 요사이는 기계에 의해 사람이 지배되고 기계가 고장나면 그 속에서 죽어가야 하는 것이 현실이다.

2003년 2월 18일 대구 지하철에서 방화범에 의해 화재가 났다. 그 화재로 인해 사망, 실종 450여명 부상146명이 생겼다. 이로 인한 가족들의 충격과 고통, 사회적 불안 등은 이루 말할 수 없었다.

이런 사실들이 마음을 아프게 한다. 이 사회가 방화범을 키운 것이다. 그 사람의 말대로 치료를 소홀히 한 병원에 대한 불신과 앙심 때문이었다면 가정은 무엇을 했는가! 많은 사람을 죽이고 싶도록 미워하는 그의 마음에 조금의 위안도 줄 수 없었는가? 죽은 사람의 가족의 고통은 이루 말할 수 없음은 물론, 방화범의 형제나 부모의 고통 역시 컸을 것이다. 지금도 생존 경쟁의 아수라장 틈 속에서 상처

입고 분노와 자학으로 자살을 선택하는 이들도 있다.

이제는 다시 이런 일이 없어야 될 것이다. 그러나 물질과 권력으로는 불가능하다. 자본주의 자체가 경쟁이기 때문에 물질을 위해 먹고 먹히며 죽이고 죽는 전쟁의 원리 위에서 세워가는 것이기 때문이다. 그렇다고 공산주의는 가능한가! 그것은 더 아니다. 그들은 자본주의 보다 더 인명을 경시한다. 자신들의 뜻을 이루기 위해서는 더 비참하게 사람을 죽인다.

권력을 가지면 되는가! 그것은 더 문제이다. 지역행사에 참석해 보니 정치인들이 흑백 논리에 붙잡혀 있는 것을 보았다. 자신의 정당이 아니면 관심이 없고 심지어는 같은 자리에 있으면서 인사도 나누지 않고, 경쟁심으로 채워진 무서운 사람들로 비추어지기도 한다. 지금까지 권력의 현장에서 보복의 악순환에 고충당한 이들이 적지 않으리라 본다. 이 사회가 무엇으로 새롭게 될 수 있을까? 그렇게 되려면 인명경시 풍토를 쇄신할 수 있는 가치관의 변화가 필요하다. 그것은 희생과 사랑의 힘의 회복이다.

기독교는 사람이 만든 것이 아니다. 창조주가 만드신 것이다. 보낸 예수그리스도는 그의 아들이며 성경을 믿는 은혜도 주셨다. 예수님의 삶을 살펴보면 남을 무력으로 공격한 일이 단 한 번도 없다. "원수를 사랑하라"^{마태복음 5:44} "네 이웃을 네 몸과 같이 사랑하라"는 말씀이 사회에 가장 많은 영향을 주었던 초대교회는 물질을 통용하고 모두가 잘 사는 사회가 되기를 원했다. 그러나 죄가 관연함으로 사람이 점점 악하여져서 서로 사랑하지 못한 결과로 오는 고충을 우리가 당하고 있다. 대구의 참상을 보면서 그들에게 하나님의 은총이 있기를 기도하면서 편리주의로 생각하는 현실의 위험성이 주는 교훈을 깨닫는다.

인명경시 풍토를 쇄신할 수 있는 가치관의 변화가 필요하다.
그것은 희생과 사랑의 힘의 회복이다.

생각의 열매

토요일이면 교회에서 20분 거리의 기도원에서 함께 기도하는 동역자들이 있다. 또한 동역자의 교회에 속한 성도가 기도원 가까운 곳에서 '초원가든' 이란 식당을 운영한다. 과거에는 점심 문제가 해결되지 않아 고생을 했는데 요즘에는 별 문제가 없다. 종종 마음 내키는 자가 점심을 사고 저녁은 그 식당 주인이 낸다. 얼마나 정성을 드리는지 어떤 때는 미안하기 조차하다. 기쁨으로 행하다보니 다른 집 보다 잘 된단다. 어느 날 저녁식사에 옻닭을 먹다가 어느 목사가 말을 꺼낸다. 군대간 아들이 이라크에 간다고 하는데 아내가 가지 못하게 한다는 것이다. 그 목사는 파병해도 될 것 같다는 의도로 말한 것 같다. 남자는 한번쯤 전쟁터에 가보는 것도 삶에 유익이 된다고 했다. 월남에서 전쟁의 참상과 평화의 소중함을 알고 온 것이 인생에 유익이 되었으므로, 가려 하면 굳이 말릴 것이 없다고 주장했다.

그 후 하루가 지난 후 군에 간 아들에게 전화가 왔다. "아빠 나 이라크 지원할까?" 그때 생각 좀 해 보자고 했다. 아내의 얼굴이 떠올랐기 때문이다. 지난번 기도원에서 친구목사가 한 말이 생각났다. 그때 반대하는 그 목사의 사모를 염두에 두지 못한 것이 미안했다. 나름대로 남의 형편을 생각하는 생활을 한다고 했지만 주관적인 판단을 말할 때가 종종 있는 것 같아 더 깊은 생각을 해야 할 것 같다. 사람의 행복과 불행은 생각으로부터 시작된다. 생각은 그 열매를 맺는다. 생각이 언어가 되고 사상이 되고 철학이 되어 좋은 생각을 하지 않으면 좋은 행동은 기대할 수 없다. 좋은 행동이 있을 때 아름다운 환경이 만들어진다. 하나님이 인간을 사랑하는 마음을 가짐으로 에덴동산을 만드셨고 인간을 구원할 생각으로 독생자를 구속주로 보낸 것이다. 입장을 바꾸어 생각해 보는 훈련이 필요하다. 하나님 편에서 생활할 때 병들고 실패 된 인간 탕자에게도 사랑의 따뜻한 손을 내밀 수 있는 여유를 가질 수 있을 것이다. 행복은 생각에 의해 좌우되는 것을 본다. 어둠이 아니면 빛이듯이 좋은 생각이 아니면 나쁜 생각을 하게 된다. 거룩한 말씀의 진리를 통하여 사물을 보고 그 말씀에 입각해서 생각하면 자족할 줄 알고 편견을 버릴 것이다. 그 편견은 소외 계층을 만들기 때문이다.

생각이 언어가 되고 사상이 되고 철학이 되어
좋은 생각을 하지 않으면 좋은 행동은 기대할 수 없다.

사랑이 붙어있는 말 한마디

이기풍선교관에 갔다가 원장장로님으로부터 김삼환 목사님에 대한 이야기를 들었다. 명성교회 설교를 위성중계를 통하여 듣는다고 했다. 여러 말 중에 담임목사님의 나이가 거론되었는데 "우리 목사님 연세 드시면 안되는데요."라고 하면서 웃었다. 그 웃음에는 담임목사의 젊음이 유지되기를 바라는 소원이 들어있었다. 이루어질 수 없는 것이지만 그 소원은 진리를 전파하는 이들의 말씀에 은혜

받은 성도에게서 발견되는 주님을 사랑하는 마음이었다. 이 일로 인해 사람의 가치에 내해서 다시 한 번 생각했다. 인간은 대신관계와 대인관계 속에서 성장한다. 그 가운데 는 만나고 싶은 사람, 만나고 싶지 않는 사람, 있었으면 하는 사람, 떠났으면 하는 사람이 있다. 오래 살았으면 하는 사람, 빨리 죽었으면 하는 사람도 있다. "우리 목사님 늙으면 안되는데…."라는 말을 듣고 보니 성도들에게 나는 어떤 존재인가를 생각하게 되었다. 보배로 여기는 성도들이 함께 오래 오래 행복하기를 바란다. 함께 천국 가서 행복의 연장선에 있기를 바란다. 성도들도 나에 대한 마음이 그럴 것으로 믿는다면 오해일까?

인간은 대신관계와 대인관계 속에서 성장한다.

칭찬이란 능력

아내와 함께 사이판 니고 호텔 옆에 자리 잡은 쇼핑센터에 있는 식당에 갔다. 몇 년 전 보다 문을 닫은 상점이 많았다. 1층을 돌아보니 '남대문'이라는 한국식당 간판이 보여 다가갔더니 문을 닫았다. 이곳저곳을 기웃거리다 한 식당에 들어갔는데 모두가 일본 사람으로 알고 말을 걸어 왔다. 음식을 시키는 데도 한참이 걸렸다. '이곳에서는 일본말로 음식 정도는 시킬 줄 알아야 되겠구나' 하는 생각을 했다. 해외에 다니면서 언어의 장벽으로 고생하는 것은 조상의 죄의 결과라 하지 않았던가!

사람이 죽는 것, 일하는 수고와 해산의 고통 그리고 환경이 점점 나빠진 것은 에덴동산의 아담과 하와의 죄의 결과이다. 언어장벽의 고충은 시날 광야의 범죄로 볼 수 있다. 그러나 인간은 과거의 역사에 죄진 것에 대한 책임을 후손들이 고스란히 져야한다.

종업원은 들으려하고 나는 말하려 했으니 의사가 소통되었다. 나는 해물스테이크를, 아내는 치킨스테이크를 시켰다. 주문하여 먹어보니 치킨스테이크가 맛이 있었다. 식사가 끝날 무렵 "커피도 드시겠어요?"라는 말을 한다. 나는 "예, 주세요. 고맙습니다." 그리고 "이 치킨 참 맛이 있습니다."라고 했더니 매우 기분이 좋은 듯 웃고 돌아갔다.

식사를 마치고 봉사료를 식탁에 두고 나왔다. 계산대에서 요금을 지불해 보니 세금과 봉사료가 포함되어 봉사료를 두 번 낸 꼴이 되었다. 그렇다고 다시 가서 식탁에 두고 온 것을 다시 가져 올 수 없는 일이었다. 이런 착오가 다양한 문화를 이해하는 과정이라 생각했다. 식당을 나오는데 음식 맛이 좋았다고 칭찬을 받은 종업원이 우리 부부를 향해 "다음에 또 오세요." 한다. 나와 그는 같이 웃고 헤어졌다.

그 다음 날 아침 강가에서 모래를 밟으며 걷고 있었는데 검은 썬그라스를 쓴 청년이 "안녕하세요?"라고 인사를 걸어왔다. 나도 "안녕하세요?" 라고 대꾸했다. 잘 알지 못해도 외국여행을 할 때는 "좋은 하루 되세요!" "안녕하세요!" "안녕!" 등으로 만난 사람에게 '나는 당신을 해칠 마음이 없으니 편안한 마음을 가지세요!' 라는 의미로 인사를 한다. 통상하는 인사인줄 알았는데 그가 바짝 다가와서 "어제 식당에서 있었던 사람입니다." 하며 자신의 손으로 코끝을 가리키고 있었다. 나도 그제서야 알아보고 "만나서 반갑습니다." 라고 하고 헤어졌다.

이 짧은 시간의 인간관계는, 음식 맛 좋다고 칭찬한 말 한마디가 그의 마음의 문을 열게 했던 것이다. 칭찬은 바로 자신의 존재를 더욱 귀하게 만드는 능력을 가진다. 상대의

수고에 대한 칭찬은 인간관계의 발전을 가져오는 능력을
지니고 있다.

병이 들면 그 원인을 알아야 곧 고칠 수 있다. 작은 증상을 보고서 바로 진단하여 치료하는 의사가 실력 있는 의사이다.

물질주의와 인본주의가 교회에 들어오면 교회가 위기를 맞게 된다. 그래서 교회의 영적 침체가 사회의 침체로 연결된다. 영화 실미도를 보면 사람을 아끼지 않는 가치관을 가지고 있었던 시대가 있음을 알 수 있다. 군사독재시대에 피해를 입은 사람들이 아직도 있다.

IMF를 지난 후에 공짜심리가 들어와서 신용불량자들이 늘어났다. 이제 폭력시대가 오고 있다. 자녀들은 어려서부터 폭력적인 것을 보고 자라고 있다. 이종격투기와 레슬링 하는 것을 보고 자라고 있다. 음주 운전자와 버스 운전자가 뒤엉켜서 싸우는 모습을 보고 자란다.

유원지를 지날 때 어린아이의 비명 소리가 들렸다. 두더지 잡는 소리였다. "아야 왜 때려, 말로 해"라는 소리였다. 그 소리를 들으면서 즐기는 초등학생을 보면서 깜짝 놀랐다. '그들이 크면 사람을 때리면서 쾌락을 느끼겠구나'라는 생각이 들었다.

돈이 있어야 돈을 쓰듯 사랑을 소유해야 사랑이 나타난다.

고령화 사회가 되면서 사람을 아끼지 않는 문화를 이끈다면 하나님의 진노가 있을 수밖에 없다. 이러한 문제를 반드시 풀어야 한다. 그러기 위해 먼저 영적으로 바로 서야 한다.

문제가 닥쳤을 때에 서둘러 해결하려고 하는 것 보다는 씨를 보면서 열매를 보는 미래 지향적인 사고를 가져야한다.

인생의 겨울이 오기 전에

이 무더운 날씨에, 아이스크림을 먹으면서 일본 가이와 로키산 밑에 자리 잡은 한 공원 잔디에 엉덩이를 붙이고 양팔을 받침대로 세우고 창조주의 신비가 숨쉬는 것을 본다. '수백 년 묵은 나무의 그늘에서 쉬고 간 이들은 지금 이 땅에 없는 이들도 있겠구나' 라는 생각도 해 본다.

'몇 년 있으면 한 줌의 흙으로 육체를 묻고 영혼은 죽음이 없는 천국, 예수님과 동거하겠구나. 인생이란 잠시 왔

다가 가는 것, 떨어진 풀이나 꽃과 같은 명예와 영광, 사람은 누구를 위해 살고 있는가?’

어릴 때는 부모를 위해 선을 행하고, 청년 때는 자기를 위해 살고, 노년에는 자녀를 위해 산다는 말이 있다. 봄에 봄을 준비하면 늦고 여름에 여름을 준비하면 늦어 버린다. 가을 준비는 봄부터 하고, 겨울 준비도 찬바람이 불기 전에 시작해야 된다.

노년이 되어서야 노년을 생각하면 준비하기에 버거운 것들이 많이 있다. 노인복지관을 찾는 수많은 어른들의 그 늘진 모습을 보고, 삶에 지쳐 당황하고 후회하는 신음소리를 듣는다. 젊어서는 자녀들만 잘 키우면 노년에 잘 보살펴 주리라 믿었는데 자녀들의 황당한 태도에 오히려 짐이 되지 않으려 한다. 혼자 살아온 이들 가운데는 노년에도 혼자 살아야 되겠다는 생각에서 자신의 거처와 경제력을 가지고 지내려는 것을 본다. 왜 자녀들은 부모를 외면하는가? 그것은 ‘어려서부터 배운 것이다.’ 라는 생각을 해 본다.

한 노인이 화병으로 몸져눕게 되었다. 그 환경을 이기

지 못한 아내와 자녀가 동시에 가출하여 가정봉사파견센
터에서 보살펴 주었다. 그는 자녀가 돌아오면 반듯한 신랑
과 결혼시키기 위해 저축통장을 품고 다녔다. 그러던 그가
세상을 떠나게 되었고, 가정파견센터에서 시청에 신고하
여 50만원으로 장례를 맡아 화장을 치루었다. 뒤늦게 발견
된 꽤 많이 들어있던 저축통장은 장례식장에도 오지 않은
딸의 몫으로 돌아갔다. 그 어르신의 자녀 사랑은 돌아가신
후에도 변하지 않고 실현되었다.

　식민지 생활, 6·25전쟁, 보릿고개를 겪으면서도 자녀
가 장성하기 까지 사랑을 아끼지 않고 고난을 이겨온 어르
신들께 효심을 갖고 돌봐드리는 것이 사람의 참 도리이다.
고령화 사회를 위해 헌신하는 것은 젊은이들의 의무이기
도 하다.

가을 준비는 봄부터 하고,

겨울 준비도 찬바람이 불기 전에 시작해야 된다.